# TEXTE OFFICIEL DE LA LOI

SUR LES

# ACCIDENTS DE TRAVAIL

ET DES

## RÈGLEMENTS D'ADMINISTRATION

destinés à en permettre le fonctionnement

AVEC PRÉFACE

DE

## E. JULLIEN

Directeur du « *Bois* »

Organe officiel de l'Union Syndicale des marchands de bois de France

Prix : 1 fr. 25

MAYENNE

**IMPRIMERIE SOUDÉE ET COLIN**

1899

# TEXTE OFFICIEL DE LA LOI



# ACCIDENTS DE TRAVAIL



## RÈGLEMENTS D'ADMINISTRATION

destinés à en permettre le fonctionnement

AVEC PRÉFACE

DE

## E. JULLIEN

Directeur du « *Bois* »

Organe officiel de l'Union Syndicale des marchands de bois de France

---

## Prix : 1 fr. 25

---

# LOI-ACCIDENTS

## ET

## RÈGLEMENTS D'ADMINISTRATION

Le « **BOIS** », 26, rue Caumartin, **PARIS**, *se charge* gratuitement *de la réalisation des assurances accidents de l'Industrie du Bois. Il fait l'abandon* complet de la **remise**, *qui est allouée par la Compagnie d'assurance, au profit de ses lecteurs.*

*Il leur demande seulement, en échange, de s'adresser à lui pour leurs assurances* contre l'incendie, **condition douce**, *du reste, puisque le* « **BOIS** » *fait* accepter *par les* **Grandes Mutuelles Incendie**, *les bons risques du* « **BOIS** », *avec* **une réduction de 20 0/0 par an** *sur le tarif du Syndicat des Compagnies par actions.*

# PRÉFACE

Eh bien, oui, je ne vois pas pourquoi je n'écrirais pas la préface de la Nouvelle loi sur les responsabilités des accidents de travail.

Ecrire une préface ne veut-il pas dire vanter le talent de l'auteur, faire ressortir les beautés de l'ouvrage, en un mot amorcer le public pour lui faire avaler.... souvent.... un *ours*.

Or, n'est-ce pas le mot bien typique qui vient de lui-même sous la plume, lorsqu'il s'agit de la loi sur les accidents de travail ?

Fût-il jamais, en effet, *ours* comparable à cette malheureuse loi, qui, pendant plus de 15 ans, a fait la navette entre les deux chambres, sur laquelle ont peiné trois législatures, un *ours* constitué de la sueur de plusieurs centaines de nos honorables représentants succombant successivement sous son poids ?

Voilà, certes, un *ours* de première taille, aussi est-ce sans hésitation que je le présente à l'Industrie du bois et que je m'en fais le barnum.

Et si je me permets d'employer ce mode trivial, pour parler d'une des lois qui nous régissent, c'est que je ne puis m'empêcher de la qualifier *d'inhumaine* et *d'immorale*, *d'antinationale*, *d'arbitraire*, et *d'antiégalitaire* ; c'est que je ne puis m'empêcher d'ajouter qu'elle organise une *monstrueuse iniquité* à l'encontre de toute une catégorie de citoyens sacrifiés.

*Oui*, je dis que cette loi est *inhumaine* et *immorale*, car elle favorise l'ouvrier célibataire au détriment du père de famille. Le patron ne sera pas assez simple, en effet, pour employer des ouvriers mariés; et l'ouvrier célibataire lui-même aura aussi intérêt à ne pas se marier. Le voilà bien le moyen de parer à la dépopulation de la France !

*Oui*, je dis que cette loi est *antinationale*, car elle favorise l'ouvrier étranger au détriment de l'ouvrier français; belle perspective de grèves et de troubles !

*Oui*, je dis que cette loi est *arbitraire* et *antiégalitaire*, car, si, en cas d'accident grave, elle constitue une lourde charge pour la grande industrie, elle ruine infailliblement le petit patron ; bon moyen d'encourager la petite industrie ! De même qu'elle crée, entre les ouvriers, des catégories de protégés, en excluant l'ouvrier agricole, l'employé de commerce et nombre d'autres salariés.

N'y a-t-il pas, en outre, quelque chose de profondément choquant dans ce fait que si la victime laisse une femme, des enfants, le patron devra supporter une *indemnité supplémentaire* proportionnelle aux charges de l'ouvrier blessé?

L'ouvrier, père d'une nombreuse famille, fournit-il donc une plus grande somme de travail que l'ouvrier célibataire ou que l'ouvrier marié sans enfants ?

Est-ce que le patron a à connaître la situation de famille de l'ouvrier?

*Oui*, j'ajoute encore que cette loi n'est, vis-à-vis des industriels désignés, qu'une *indéniable iniquité*, car on ne peut qualifier autrement l'action de rejeter, sur une seule catégorie d'individus, des obligations qui incombent à la masse des citoyens. Non pas que je sois hostile aux mesures destinées à venir en aide à l'ouvrier. Loin de là, je trouve, au contraire, que la société ne fera jamais assez pour soutenir, pour aider les ouvriers victimes d'accidents de travail. On donne des pensions aux militaires, aux marins blessés au service de l'Etat, pourquoi ne pas pensionner également les ouvriers blessés sur le champ de bataille du travail, autrement fécond pour le bonheur des peuples que le champ de bataille de la guerre?

Mais ce que je trouve *abominable*, c'est *cette œuvre de politiciens* faisant supporter au *patron seul* ce qui est une charge de *prévoyance sociale*. A-t-on jamais pensé à faire supporter aux officiers seuls les pensions allouées aux soldats blessés ?

Pourquoi les patrons seuls doivent-ils supporter les pensions allouées à leurs ouvriers blessés ou à leur famille?

C'est vraiment trop commode de faire ainsi de la philanthropie et de la popularité avec la bourse des autres, d'ajouter au risque professionnel que la loi impose justement au patron, un impôt de bienfaisance et d'assistance qui ne doit pas lui incomber, mais qui doit rester une œuvre de solidarité commune.

Nos parlementaires offrent, avec l'argent d'autrui, des rentes aux veuves et aux enfants des ouvriers sinistrés, ils auraient mieux fait de songer d'abord à procurer aux ouvriers mariés les moyens de vivre, au lieu de provoquer, sinon leur exclusion des usines, du moins l'abaissement certain de leurs salaires. A moins qu'une nouvelle loi de protection ne vienne imposer au patron l'obligation d'employer de préférence l'ouvrier marié, l'ouvrier père de famille et ne fixe, en même temps, son salaire obligatoire! Pourquoi pas, après tout?

Il est vrai que dans ce noir tableau, une lueur apparaît.

Il va falloir de nouveaux fonctionnaires pour remplir les innombrables formalités édictées par cette loi. La *manne administrative*, devenue aujourd'hui *l'idéal du peuple français*, va de nouveau pouvoir se répandre à souhait.

Une statistique toute récente, faite pour la *seule* préfecture de la Seine ; ne nous indique-t-elle pas qu'il existe 70.000 solliciteurs d'emplois municipaux pour les six derniers mois de la dernière année, et ce, pour moins de mille postes vacants !! Il y a encore de beaux jours pour les ronds de cuir !! Le printemps revient et avec lui vont surgir, plus drues, les feuilles..... d'émargement, les feuilles des parasites rongeurs, des dévorants de la moëlle de la France.

Mais il faut espérer que cette loi, par l'excès même de ses défauts, rendra service aux travailleurs, en leur apprenant, à leurs dépens, à ne plus se laisser leurrer par de vaines paroles et à confier à des gens pratiques le soin de débattre leurs intérêts. Aussi je suis convaincu qu'avant peu de temps, les travailleurs seront les premiers à se join-

dre à moi pour crier à pleins poumons : *A bas les rhéteurs!
A bas les politiciens!* A bas tous ceux qui ne voient, dans
la politique, dans la représentation nationale, qu'un moyen
de vivre sans travailler, qu'un moyen de manger, sans rien
faire, au ratelier de la République, et, pour employer l'ex-
pression usuelle et cependant si vraie, *à bas tous ceux qui
vivent de la sueur du peuple !!!* Et dire qu'il suffirait
de changer un seul mot à l'article 1ᵉʳ de la loi pour le rendre
possible. Il n'y a qu'à mettre le mot ÉTAT au lieu de CHEF
D'ENTREPRISE. *Les accidents survenus, etc,.... donnent droit
au profit de la victime ou de ses représentants à une indemnité à la charge de l'ÉTAT.*

Quel est le député assez indépendant, assez écouté, pour
oser prendre hardiment l'initiative de cette simple modifi-
cation ?

Celui-là s'il existe sera un homme et aura bien mérité de
la Patrie.

En attendant, comme je tiens à protester dès à présent
à ma manière, et pour tâcher d'atténuer, dans la limite de
mes faibles moyens, les effets de cette loi néfaste *aussi bien
pour l'ouvrier que pour le patron,* j'ai résolu d'user d'un
*expédient de pélican* et de faire ce que certainement aucun
de nos honorables représentants n'aurait songé à faire, de
me saigner moi-même.

*Je mets le « Bois » gratuitement à la disposition de no-
tre industrie pour ses assurances contre les accidents, et
je fais l'abandon entier, au profit de mes lecteurs de la
remise allouée par la Compagnie d'assurances pour mon
entremise.*

Ne pouvant empêcher la mise en vigueur de cette loi
néfaste, j'aurai au moins ainsi la satisfaction d'en avoir,
*à moi seul, atténué largement* les effets, en ce qui concerne
notre industrie.

Que d'autres, dans d'autres corporations fassent comme,
moi, je montre l'exemple. A qui le tour ?

1ᵉʳ *mars 1899.*                              E. JULLIEN.

# LOI
## CONCERNANT LES RESPONSABILITÉS DES ACCIDENTS

DONT LES OUVRIERS SONT VICTIMES DANS LEUR TRAVAIL

*Cette loi votée par le Sénat le 19 mars 1898*
*et par la Chambre des Députés le 26 mars 1898*
*a été promulguée le 9 avril 1898.*

### TITRE PREMIER
### Indemnités en cas d'accidents.

Art. 1er. — Les accidents survenus par le fait du travail, ou à l'occasion du travail, aux ouvriers et employés occupés dans l'industrie du bâtiment, les usines, manufactures, chantiers, les entreprises de transport par terre et par eau, de chargement et de déchargement, les magasins publics, mines, minières, carrières et, en outre, dans toute exploitation ou partie d'exploitation dans laquelle sont fabriquées ou mises en œuvre des matières explosibles, ou dans laquelle il est fait usage d'une machine mue par une force autre que celle de l'homme ou des animaux, donnent droit, au profit de la victime ou de ses représentants, à une indemnité à la charge du chef d'entreprise, à la condition que l'interruption de travail ait duré plus de quatre jours.

Les ouvriers qui travaillent seuls d'ordinaire ne pourront être assujettis à la présente loi par le fait de la collaboration accidentelle d'un ou de plusieurs de leurs camarades.

Art. 2. — Les ouvriers et employés désignés à l'article précédent ne peuvent se prévaloir, à raison des accidents dont ils sont victimes dans leur travail, d'aucunes dispositions autre que celle de la présente loi.

Ceux dont le salaire annuel dépasse 2.400 francs ne bénéficient de ces dispositions que jusqu'à concurrence de cette somme. Pour le surplus, ils n'ont droit qu'au quart des rentes ou indemnités stipulées à l'article 3, à moins de conventions contraires quant au chiffre de la quotité.

Art. 3. — Dans les cas prévus à l'article 1er, l'ouvrier ou l'employé a droit :

Pour l'incapacité absolue et permanente, à une rente égale aux deux tiers de son salaire annuel ;

Pour l'incapacité partielle et permanente, à une rente égale à la moitié de la réduction que l'accident aura fait subir au salaire;

Pour l'incapacité temporaire, à une indemnité journalière égale à la moitié du salaire touché au moment de l'accident, si l'incapacité de travail a duré plus de quatre jours et à partir du cinquième jour.

Lorsque l'accident est suivi de mort, une pension est servie aux personnes ci-après désignées, à partir du décès, dans les conditions suivantes :

A. — Une rente viagère égale à 20 pour 100 du salaire annuel de la victime pour le conjoint survivant non divorcé ou séparé de corps. à la condition que le mariage ait été contracté antérieurement à l'accident.

En cas de nouveau mariage; le conjoint cesse d'avoir droit à la rente mentionnée ci-dessus ; il lui sera alloué, dans ce cas, le triple de cette rente à titre d'indemnité totale.

B. — Pour les enfants, légitimes ou naturels, reconnus avant l'accident, orphelins de père ou de mère, âgés de moins de seize ans, une rente calculée sur le salaire annuel de la victime à raison de 15 p. 100 de ce salaire s'il n'y a qu'un enfant, de 25 pour 100 s'il y en a deux, de 35 pour 100 s'il y en a trois, et 40 pour 100 s'il y en a quatre ou un plus grand nombre.

Pour les enfants orphelins de père et de mère, la rente est portée pour chacun d'eux à 20 pour 100 du salaire.

L'ensemble de ces rentes ne peut, dans le premier cas, dépasser 40 pour 100 du salaire, ni 60 pour 100 dans le second.

C. — Si la victime n'a ni conjoint, ni enfant dans les termes des paragraphes A et B, chacun des ascendants et descendants qui était à sa charge recevra une rente viagère pour les ascendants et payable jusqu'à seize ans pour les descendants. Cette rente sera égale à 10 pour 100 du salaire annuel de la victime, sans que le montant total des rentes ainsi allouées puisse dépasser 30 pour 100.

Chacune des rentes prévues par le paragraphe C est, le cas échéant, réduite proportionnellement.

Les rentes constituées en vertu de la présente loi sont payables par trimestre ; elles sont incessibles et insaisissables.

Les ouvriers étrangers victimes d'accidents qui cesseront de résider sur le territoire français recevront, pour toute indemnité, un capital égal à trois fois la rente qui leur avait été allouée.

Les représentants d'un ouvrier étranger ne recevront aucune indemnité si, au moment de l'accident, ils ne résidaient pas sur le territoire français.

Art. 4. — Le chef d'entreprise supporte en outre les frais médicaux et pharmaceutiques et les frais funéraires. Ces derniers sont évalués à la somme de 100 francs au maximum.

Quant aux frais médicaux et pharmaceutiques, si la victime a fait choix elle-même de son médecin, le chef d'entreprise ne peut être tenu que jusqu'à concurrence de la somme fixée par le juge de paix du canton, conformément aux tarifs adoptés dans chaque département pour l'assistance médicale gratuite.

Art. 5. — Les chefs d'entreprise peuvent se décharger pendant les trente, soixante ou quatre-vingt-dix premiers jours à partir de l'accident, de l'obligation de payer aux victimes les frais de maladie et l'indemnité temporaire, ou une partie seulement de cette indemnité comme il est spécifié ci-après, s'ils justifient :

1º Qu'ils ont affilié leurs ouvriers à des Sociétés de secours mutuels et pris à leur charge un quote-part de la cotisation qui aura été déterminée d'un commun accord, et en se conformant aux statuts-type approuvés par le Ministre compétent, mais qui ne devra pas être inférieure au tiers de cette cotisation ;

2º Que ces Sociétés assurent à leurs membres en cas de blessures, pendant trente, soixante ou quatre-vingt-dix jours, les soins médicaux et pharmaceutiques et une indemnité journalière.

Si l'indemnité journalière servie par la Société est inférieure a la moitié du salaire quotidien de la victime, le chef d'entreprise est tenu de lui verser la différence.

Art. 6. — Les exploitants de mines, minières et carrières peuvent se décharger des frais et indemnités mentionnés à l'article précédent moyennant une subvention annuelle versée aux Caisses ou Sociétés de secours constituées dans ces entreprises en vertu de la loi du 29 juin 1894.

Le montant et les conditions de cette subvention devront être acceptés par la Société et approuvés par le Ministre des travaux publics.

Ces deux dispositions seront applicables à tous autres chefs d'industrie qui auront créé en faveur de leurs ouvriers des caisses particulières de secours en conformité du titre III de la loi du 29 juin 1894. L'approbation prévue ci-dessus sera, en ce qui les concerne, donnée par le Ministre du commerce et de l'industrie.

Art. 7. — Indépendamment de l'action résultant de la présente loi, la victime ou ses représentants conservent, contre les auteurs de l'accident autres que le patron ou ses ouvriers et préposés, le droit de réclamer la réparation du préjudice causé, conformément aux règles du droit commun.

L'indemnité qui leur sera allouée exonérera à due concurrence le chef d'entreprise des obligations mises à sa charge.

Cette action contre les tiers responsables pourra même être exercée par le chef d'entreprise, à ses risques et périls, aux lieu et place de la victime ou de ses ayants-droit, si ceux-ci négligent d'en faire usage.

Art. 8. — Le salaire qui servira de base à la fixation de l'indemnité allouée à l'ouvrier âgé de moins de seize ans ou à l'apprenti victime d'un accident ne sera pas inférieur au salaire le plus bas des ouvriers valides de la même catégorie occupés dans l'entreprise.

Toutefois, dans le cas d'incapacité temporaire, l'indemnité de l'ouvrier âgé de moins de seize ans ne pourra pas dépasser le montant de son salaire.

Art. 9.— Lors du règlement définitif de la rente viagère, après le délai de revision prévu à l'article 19, la victime peut demander que le quart au plus du capital nécessaire à l'établissement de cette rente, calculé d'après les tarifs dressés pour les victimes d'accidents par la Caisse des retraites pour la vieillesse, lui soit attribué en espèces.

Elle peut aussi demander que ce capital, ou ce capital réduit du quart au plus, comme il vient d'être dit, serve à constituer sur sa tête une rente viagère reversible, pour moitié au plus, sur la tête de son conjoint. Dans ce cas, la rente viagère sera diminuée de façon qu'il ne résulte de la reversibilité aucune augmentation de charges pour le chef d'entreprise.

Le tribunal, en chambre du conseil, statuera sur ces demandes.

Art. 10. — Le salaire servant de base à la fixation des rentes s'entend, pour l'ouvrier occupé dans l'entreprise pendant les douze mois écoulés avant l'accident, de la rémunération effective qui lui a été allouée pendant ce temps, soit en argent, soit en nature.

Pour les ouvriers occupés pendant moins de douze mois avant l'accident, il doit s'entendre de la rémunération effective qu'ils ont reçue depuis leur entrée dans l'entreprise, augmentée de la rémunération moyenne qu'ont reçue, pendant la période nécessaire pour compléter les douze mois, les ouvriers de la même catégorie.

Si le travail n'est pas continu, le salaire annuel est calculé tant d'après la rémunération reçue pendant la période d'activité que d'après le gain de l'ouvrier pendant le reste de l'année.

## TITRE II

### Déclaration des accidents et Enquête.

Art. 11. — Tout accident ayant occasionné une incapacité de travail doit être déclaré, dans les quarante-huit heures, par le chef d'entreprise ou ses préposés, au maire de la commune qui en dresse procès-verbal.

Cette déclaration doit contenir les noms et adresses des témoins de l'accident. Il y est joint un certificat de médecin indiquant l'état de la victime, les suites probables de l'accident et l'époque à laquelle il sera possible d'en connaître le résultat définitif.

La même déclaration pourra être faite par la victime ou ses représentants.

Récépissé de la déclaration et du certificat du médecin est remis par le maire au déclarant.

Avis de l'accident est donné immédiatement par le maire à l'inspecteur divisionnaire ou départemental du travail ou à l'ingénieur ordinaire des mines chargé de la surveillance de l'entreprise.

L'article 15 de la loi du 2 novembre 1892 et l'article 11 de la loi du 12 juin 1893 cesse d'être applicables dans les cas visés par la présente loi.

Art. 12. — Lorsque, d'après le certificat médical, la blessure paraît devoir entraîner la mort ou une incapacité permanente absolue ou partielle de travail, le maire transmet immédiatement copie de la déclaration et le certificat médical au juge de paix du canton où l'accident s'est produit.

Dans les vingt-quatre heures de la réception de cet avis, le juge de paix procède à une enquête à l'effet de rechercher :

1° La cause, la nature et les circonstances de l'accident ;

2° Les personnes victimes et le lieu où elles se trouvent ;

3° La nature des lésions ;

4° Les ayants-droit pouvant, le cas échéant, prétendre à une indemnité ;

5° Le salaire quotidien et le salaire annuel des victimes.

Art. 13. — L'enquête a lieu contradictoirement dans les formes prescrites par les articles 35, 36, 37, 38 et 39 du code de procédure civile, en présence des parties intéressées ou celles-ci convoquées d'urgence par lettre recommandée.

Le juge de paix doit se transporter auprès de la victime de l'accident qui se trouve dans l'impossibilité d'assister à l'enquête.

Lorsque le certificat médical ne lui paraîtra pas suffisant, le juge de paix pourra désigner un médecin pour examiner le blessé.

Il peut aussi commettre un expert pour l'assister dans l'enquête.

Il n'y a pas lieu, toutefois, à nomination d'expert dans les entreprises administrativement surveillées, ni dans celles de l'Etat placées sous le contrôle d'un service distinct du service de gestion, ni dans les établissements nationaux où s'effectuent des travaux que la sécurité publique oblige à tenir secrets. Dans ces divers cas, les fonctionnaires chargés de la surveillance ou du contrôle de ces établissements ou entreprises, et en ce qui concerne les exploitations minières, les délégués à la sécurité des ouvriers mineurs, transmettent au juge de paix, pour être joint au procès-verbal d'enquête, un exemplaire de leurs rapports.

Sauf les cas d'impossibilité matérielle, dûment constatés dans le procès-verbal, l'enquête doit être close dans le plus bref délai et, au plus tard, dans les dix jours à partir de l'accident. Le juge de paix avertit, par lettre recommandée, les parties de la clôture de l'enquête et du dépôt de la minute au greffe, où elles pourront, pendant un délai de cinq jours, en prendre connaissance et s'en faire délivrer une expédition, affranchie du timbre et de l'enregistrement. A l'expiration de ce délai de cinq jours, le dossier de l'enquête est transmis au président du tribunal civil de l'arrondissement.

Art. 14. — Sont punis d'une amende de 1 à 15 francs les chefs d'industrie ou leurs préposés qui ont contrevenu aux dispositions de l'article 11.

En cas de récidive dans l'année, l'amende peut être élevée de 16 à 300 francs.

L'article 463 du Code pénal est applicable aux contraventions prévues par le présent article.

## TITRE III

### Compétence. — Juridictions. — Procédure. Revision.

Art. 15. — Les contestations entre les victimes d'accidents et les chefs d'entreprise, relatives aux frais funéraires, aux frais de maladie ou aux indemnités temporaires, sont jugées en dernier ressort par le juge de paix du canton où l'accident s'est produit, à quelque chiffre que la demande puisse s'élever.

Art. 16. — En ce qui touche les autres indemnités prévues par la présente loi, le président du tribunal de l'arrondissement convoque, dans les cinq jours, à partir de la transmission du dossier, la victime ou ses ayants-droit et le chef d'entreprise, qui peut se faire représenter.

S'il y a accord des parties intéressées, l'indemnité est définitivement fixée par l'ordonnance du président, qui donne acte de cet accord.

Si l'accord n'a pas lieu, l'affaire est renvoyée devant le tribunal qui statue comme en matière sommaire, conformément au titre XXIV du livre II du code de procédure civile.

Si la cause n'est pas en état, le tribunal sursoit à statuer et l'indemnité temporaire continuera à être servie jusqu'à la décision définitive.

Le tribunal pourra condamner le chef d'entreprise à payer une provision ; sa décision sur ce point sera exécutoire nonobstant appel.

Art. 17. — Les jugements rendus en vertu de la présente loi sont susceptibles d'appel selon les règles du droit commun. Toutefois, l'appel devra être interjeté dans les quinze jours de la date du jugement s'il est contradictoire, et s'il est par défaut dans la quinzaine à partir du jour où l'opposition ne sera plus recevable.

L'opposition ne sera plus recevable en cas de jugement par défaut contre partie, lorsque le jugement aura été signifié à personne, passé le délai de quinze jours à partir de cette signification.

La cour statuera d'urgence dans le mois de l'acte d'appel. Les parties pourront se pourvoir en cassation.

Art. 18. — L'action en indemnité prévue par la présente loi se prescrit par un an à dater du jour de l'accident.

Art. 19. — La demande en revision de l'indemnité, fondée sur une aggravation ou une atténuation de l'infirmité de la victime ou son décès par suite des conséquences de l'accident, est ouverte pendant trois ans à dater de l'accord intervenu entre les parties ou de la décision définitive.

Le titre de pension n'est remis à la victime qu'à l'expiration des trois ans.

Art. 20. — Aucune des indemnités déterminées par la présente loi ne peut être attribuée à la victime qui a intentionnellement provoqué l'accident.

Le tribunal a le droit, s'il est prouvé que l'accident est dû à une faute inexcusable de l'ouvrier, de diminuer la pension fixée au titre 1er.

Lorsqu'il est prouvé que l'accident est dû à la faute inexcusable du patron ou de ceux qu'il s'est substitués dans la direction, l'indemnité pourra être majorée, mais sans que la rente viagère ou le total des rentes viagères allouées puisse dépasser soit la réduction, soit le montant du salaire annuel.

Art. 21. — Les parties peuvent toujours après détermination du chiffre de l'indemnité due à la victime de l'accident, décider que le service de la pension sera suspendu et remplacé, tant que l'accord subsistera, par tout autre mode de réparation.

Sauf dans le cas prévu à l'article 3, paragraphe A, la pension ne pourra être remplacée par le paiement d'un capital que si elle n'est pas supérieure à 100 francs.

Art. 22. — Le bénéfice de l'assistance judiciaire est accordé de plein droit, sur le visa du procureur de la République, à la victime de l'accident ou à ses ayants-droit, devant le tribunal.

A cet effet, le président du tribunal adresse au procureur de la République, dans les trois jours de la comparution des parties prévus par l'article 16, un extrait de son procès-verbal de non-conciliation ; il y joint les pièces de l'affaire.

Le procureur de la République procède comme il est prescrit à l'article 13 (paragraphe 2 et suivants) de la loi du 22 janvier 1851.

Le bénéfice de l'assistance judiciaire s'étend de plein droit aux instances devant le juge de paix, à tous les actes d'exécution mobilière et immobilière, et à toute contestation incidente à l'exécution des décisions judiciaires.

## TITRE IV

### Garanties.

Art. 23. — La créance de la victime de l'accident ou de ses ayants-droit relative aux frais médicaux, pharmaceutiques et funéraires, ainsi qu'aux indemnités allouées, à la suite de l'incapacité temporaire de travail, est garantie par le privilège de l'article 2.101 du code civil et y sera inscrite sous le n° 6.

Le paiement des indemnités pour incapacité permanente de travail ou accidents suivis de mort est garanti conformément aux dispositions des articles suivants.

Art. 24. — A défaut, soit par des chefs d'entreprise débiteurs, soit par les sociétés d'assurances à primes fixes ou mutuelles, ou les syndicats de garantie liant solidairement tous leurs adhérents, de s'acquitter, au moment de leur exigibilité, des indemnités mises à leur charge à la suite d'accidents ayant entraîné la mort ou une incapacité permanente de travail, le paiement en sera assuré aux intéressés par les soins de la Caisse nationale des retraites pour la vieillesse, au moyen d'un fonds spécial de garantie constitué comme il va être dit et dont la gestion devra être confiée à ladite caisse.

Art. 25. — Pour la constitution du fonds spécial de garantie, il sera ajouté au principal de la contribution des patentes des industriels visés par l'article 1er, 4 centimes additionnels. Il sera perçu sur les mines une taxe de 5 centimes par hectare concédé.

Ces taxes pourront, suivant les besoins, être majorées ou réduites par la loi des finances.

Art. 26. — La Caisse nationale des retraites exercera un recours contre les chefs d'entreprise débiteurs, pour le compte desquels des sommes auront été payées par elle, conformément aux dispositions qui précèdent.

En cas d'assurance du chef d'entreprise, elle jouira, pour le remboursement de ses avances, du privilège de l'article 2102 du code civil sur l'indemnité due par l'assureur et n'aura plus de recours contre le chef d'entreprise.

Un règlement d'administration publique déterminera les conditions d'organisation et de fonctionnement du service conféré par les dispositions précédentes à la Caisse nationale des retraites et notamment les formes du recours à exercer contre les chefs d'entreprise débiteurs ou les Sociétés d'assurances et les Syndicats de garantie, ainsi que les conditions dans lesquelles les victimes d'accidents ou leurs ayants-droit seront admis à réclamer à la Caisse le paiement de leurs indemnités.

Les décisions judiciaires n'emporteront hypothèque que si elles sont rendues au profit de la Caisse des retraites exerçant son recours contre les chefs d'entreprise ou les Compagnies d'assurances.

Art. 27. — Les Compagnies d'assurances mutuelles ou à primes fixes contre les accidents, françaises ou étrangères, sont soumises à la surveillance et au contrôle de l'État et astreintes à constituer des réserves ou cautionnements dans les conditions déterminées par un règlement d'administration publique.

Le montant des réserves ou cautionnements sera affecté par privilège au paiement des pensions et indemnités.

Les syndicats de garantie seront soumis à la même surveillance et un règlement d'administration publique déterminera les conditions de leur création et de leur fonctionnement.

Les frais de toute nature résultant de la surveillance et du contrôle seront couverts au moyen de contributions proportionnelles au montant des réserves ou cautionnements, et fixés annuellement, pour chaque compagnie ou association, par arrêté du Ministre du commerce.

Art. 28. — Le versement du capital représentatif des pensions allouées en vertu de la présente loi ne peut être exigé des débiteurs.

Toutefois les débiteurs qui désireront se libérer en une fois pourront verser le capital représentatif de ces pensions à la Caisse nationale des retraites, qui établira à cet effet, dans les six mois de la promulgation de la présente loi, un tarif tenant compte de la mortalité des victimes d'accidents et de leurs ayants-droit.

Lorsqu'un chef d'entreprise cesse son industrie, soit volontairement, soit par décès, liquidation judiciaire ou faillite, soit par cession d'établissement, le capital représentatif des pensions à sa charge devient exigible de plein droit et sera versé à la Caisse nationale des retraites. Ce capital sera déterminé au jour de son exigibilité d'après le tarif visé au paragraphe précédent.

Toutefois le chef d'entreprise ou ses ayants-droit peuvent être exonérés du versement de ce capital, s'ils fournissent des garanties qui seront à déterminer par un règlement d'administration publique.

## TITRE V

### Dispositions générales.

Art. 29. — Les procès-verbaux, certificats, actes de notoriété, significations, jugements et autres actes faits ou rendus en vertu et pour l'exécution de la présente loi sont délivrés gratuitement, visés pour timbre et enregistrés gratis lorsqu'il y a lieu à la formalité de l'enregistrement.

Dans les six mois de la promulgation de la présente loi, un décret déterminera les émoluments des greffiers de justice de paix pour leur assistance et la rédaction des actes de notoriété, procès-verbaux, certificats, significations, jugements. envois de lettres recommandées, extraits, dépôt de la minute d'enquête au greffe, et pour tous les actes nécessités par l'application de la présente loi, ainsi que les frais de transport auprès des victimes et d'enquête sur place.

Art. 30. — Toute convention contraire à la présente loi est nulle de plein droit.

Art. 31. — Les chefs d'entreprise sont tenus, sous peine d'une amende de 1 à 15 francs, de faire afficher dans chaque atelier la présente loi et les règlements d'administration relatifs à son exécution.

En cas de récidive dans la même année, l'amende sera de 16 à 100 francs.

Les infractions aux dispositions des articles 11 et 31 pourront être constatées par les inspecteurs du travail.

Art. 32. — Il n'est point dérogé aux lois, ordonnances et règlements concernant les pensions des ouvriers, apprentis et journaliers appartenant aux ateliers de la Marine et celles des ouvriers immatriculés des manufactures d'armes dépendant du Ministère de la guerre.

Art. 33. — La présente loi ne sera applicable que trois mois après la publication officielle des décrets d'administration publique qui doivent en régler l'exécution.

Art. 34. — Un règlement d'administration publique déterminera les conditions dans lesquelles la présente loi pourra être appliquée à l'Algérie et aux colonies.

## Décrets des règlements d'administration publique destinés à assurer l'exécution de la loi du 9 avril 1898 sur les accidents du travail.

### PREMIER RÈGLEMENT

Le Président de la République française,

Sur le rapport du ministre du commerce, de l'industrie, des postes et des télégraphes.

Vu les avis du ministre des finances, en date des 5 décembre 1898 et 21 janvier 1899 ;

Vu l'avis du ministre de la justice, en date du 23 octobre 1898 ;

Vu la loi du 9 avril 1898 et notamment le troisième paragraphe de l'article 26 ainsi conçu : « Un règlement d'administration publique déterminera les conditions d'organisation et de fonctionnement du service conféré par les dispositions précédentes à la caisse nationale des retraites et notamment les formes du recours à exercer contre les chefs d'entreprise débiteurs ou les sociétés d'assurances et les syndicats de garantie, ainsi que les conditions dans lesquelles les victimes d'accidents ou leurs ayants-droit seront admis à réclamer à la caisse le payement de leurs indemnités » ;

Vu la loi du 20 juillet 1886 et le décret du 28 décembre 1886 ;

Le Conseil d'Etat entendu.

Décrète :

### TITRE I

*Conditions dans lesquelles les victimes d'accidents ou leurs ayants-droit sont admis à réclamer le payement de leurs indemnités.*

Article premier. — Tout bénéficiaire d'une indemnité liquidée en vertu de l'article 16 de la loi du 9 avril 1898, à la suite d'un accident ayant entraîné la mort ou une incapacité permanente de travail, qui n'aura pu obtenir le payement ; lors de leur exigibilité, des sommes qui lui sont dues, doit en faire la déclaration au maire de la commune de sa résidence.

Art. 2. — La déclaration est faite soit par le bénéficiaire de l'indemnité ou son représentant légal, soit par un mandataire ; elle est exempte de tous frais.

Art. 3. — La déclaration doit indiquer :

1° Les nom, prénoms, âge, nationalité, état civil, profession, domicile du bénéficiaire de l'indemnité ;

2° Les nom et domicile du chef d'entreprise débiteur ou la désignation et l'indication du siège de la Société d'assurances ou du syndicat de garantie qui aurait dû acquitter la dette à ses lieu et place ;

3° La nature de l'indemnité et le montant de la créance réclamée ;

4° L'ordonnance ou le jugement en vertu duquel agit le bénéficiaire ;

5° Le cas échéant, les nom, prénoms, profession et domicile du représentant légal du bénéficiaire ou du mandataire.

Art. 4. — La déclaration, rédigée par les soins du maire, est signée par le déclarant.

Le maire y joint toutes les pièces qui lui sont remises par le réclamant à l'effet d'établir l'origine de la créance, ses modifications ultérieures et le refus de payement opposé par le débiteur : chef d'entreprise, société d'assurance ou syndicat de garantie.

Art. 5. — Récépissé de la déclaration et des pièces qui l'accompagnent est remis par le maire au déclarant.

La déclaration et les pièces produites à l'appui sont transmises par le maire au directeur général de la Caisse des dépôts et consignations dans les vingt-quatre heures.

Art. 6. — Le directeur général de la Caisse des dépôts et consignations adresse, dans les quarante-huit heures à partir de sa réception, le dossier au juge de paix du domicile du débiteur, en l'invitant à convoquer celui-ci d'urgence par lettre recommandée.

Art. 7. — Le débiteur doit comparaître au jour fixé par le juge de paix, soit en personne, soit par mandataire.

Il lui est donné connaissance de la réclamation formulée contre lui.

Procès-verbal est dressé par le juge de paix des déclarations faites par le comparant, qui appose sa signature sur le procès-verbal.

Art. 8. — Le comparant qui ne conteste ni la réalité ni le montant de la créance est invité par le juge de paix soit à s'acquitter par devant lui, soit à expédier au réclamant la somme due au moyen d'un mandat-carte et à communiquer au greffe le récépissé de cet envoi.

Cette communication doit être effectuée au plus tard le deuxième jour qui suit la comparution devant le juge de paix.

Le juge de paix statue sur le payement des frais de convocation.

Il constate, s'il y a lieu, dans son procès-verbal la libération du débiteur.

Art. 9. — Dans le cas où le comparant, tout en reconnaissant la réalité et le montant de sa dette, déclare ne pas être en état de s'acquitter immédiatement, le juge de paix est autorisé, si les motifs invoqués paraissent légitimes, à lui accorder pour sa libération un délai qui ne peut excéder un mois.

Dans ce cas, en vue du payement immédiat prévu à l'article 13 ci-dessous, le procès-verbal dressé par le juge de paix constate la reconnaissance de dette et l'engagement pris par le comparant de se libérer dans le délai qui lui a été accordé au moyen soit d'un versement entre les mains du caissier de la Caisse des dépôts et consignations à Paris ou des préposés de la caisse dans les départements, soit de l'expédition d'un mandat-carte payable au caissier général à Paris.

Art. 10. — Si le comparant déclare ne pas être débiteur du réclamant ou n'être que partiellement son débiteur, le juge de paix constate dans son procès-verbal le refus total ou partie de payement et les motifs qui en ont été donnés.

Il est procédé pour l'acquittement de la somme non contestée suivant les dispositions des articles 8 ou 9, tous droits restant réservés pour le surplus.

Art. 11. — Au cas où le débiteur convoqué ne comparaît pas au jour fixé, le juge de paix procède dans la huitaine à une enquête à l'effet de rechercher :

1° Si le débiteur convoqué n'a pas changé de domicile ;

2° S'il a cessé son industrie soit volontairement, soit par cession d'établissement, soit par suite de faillite ou de liquidation judiciaire et, dans ce cas, quel est le syndic ou le liquidateur, soit par suite de décès et, dans l'affirmative, par qui sa succession est représentée.

Le procès-verbal dressé par le juge de paix constate la non-comparution et les résultats de l'enquête.

Art. 12. — Dans les deux jours qui suivent soit la libération immédiate du débiteur, soit sa comparution devant le juge de paix au cas où il a refusé le payement ou obtenu un délai, soit la clôture de l'enquête dont il est question en l'article précédent, le juge de paix adresse au directeur général de la Caisse des dépôts et consignations le dossier et y joint le procès-verbal par lui dressé.

Art. 13. — Dès la réception du dossier, s'il résulte du procès-verbal dressé par le juge de paix que le débiteur n'a pas contesté sa dette, mais ne s'en est pas libéré, ou si les motifs invoqués pour refuser le payement ne paraissent pas légitimes, le directeur général de la Caisse des dépôts et consignations remet au réclamant ou lui adresse, par mandat-carte, la somme à laquelle il a droit. Il fait parvenir également au greffier de la justice de paix le montant de ses déboursés et émoluments.

Il est procédé de même, si le débiteur ne s'est pas présenté devant le juge de paix et si la réclamation du bénéficiaire de l'indemnité paraît justifiée.

Art. 14. — Dans le cas où les motifs invoqués par le comparant pour refuser le payement paraissent fondés ou, en cas de non-comparution, si la réclamation formulée par le bénéficiaire ne semble pas suffisamment justifiée, le directeur général de la Caisse des dépôts et consignations renvoie, par l'intermédiaire du maire, au réclamant le dossier par lui produit en lui laissant le soin d'agir contre la personne dont il se prétend le créancier, conformément aux règles du droit commun.

Le montant des déboursés et émoluments du greffier est, en ce cas, acquitté par les soins du directeur général et imputé sur les fonds de garantie.

TITRE II

*Du recours de la caisse des retraites pour le recouvrement de ses avances et pour l'encaissement des capitaux exigibles.*

Art. 15. — Le recours de la caisse nationale des retraites est exercé aux requête et diligence du directeur général de la Caisse des dépôts et consignations, dans les conditions énoncées aux articles suivants.

Art. 16. — Dans les cinq jours qui suivent le payement fait au bénéficiaire de l'indemnité et au greffier de la justice de paix, conformément aux articles 13 et 14, ou à l'expiration du délai dont il est question à l'article 9, si le remboursement n'a pas été opéré dans ce délai, le directeur général de la Caisse des dépôts et consignations informe le débiteur, par lettre recommandée, du payement effectué pour son compte.

La lettre recommandée fait en même temps connaître que, faute par le débiteur d'avoir remboursé dans un délai de quinzaine le montant de la somme payée, d'après un des modes prévus au dernier alinéa de l'article 9, le recouvrement sera poursuivi par la voie judiciaire.

Art. 17. — A l'expiration du délai imparti par le deuxième alinéa de l'article 16 ci-dessus, il est délivré par le directeur général de la Caisse des dépôts et consignations, à l'encontre du débiteur qui ne s'est pas acquitté, une contrainte pour le recouvrement.

Art. 18. — La contrainte décernée par le directeur général de la Caisse des dépôts et consignations est visée et déclarée exécutoire par le juge de paix du domicile du débiteur.

Elle est signifiée par ministère d'huissier.

Art. 19. — L'exécution de la contrainte ne peut être interrompue que par une opposition formée par le débiteur et contenant assignation donnée au directeur général de la Caisse des dépôts et consignations devant le tribunal civil du domicile du débiteur.

Art. 20. — L'instance à laquelle donne lieu l'opposition à contrainte est suivie dans les formes et délais déterminés par l'article 65 de la loi du 22 frimaire an VII sur l'enregistrement.

Art. 21. — Les frais de poursuites et dépens de l'instance auxquels a été condamné le débiteur débouté de son opposition sont recouvrés par le directeur général de la Caisse des dépôts et consignations au moyen d'un état de frais taxé sur sa demande et rendu exécutoire par le président du tribunal.

Art. 22. — Lorsque le capital représentatif d'une pension est, conformément aux termes de l'article 28 de la loi du 9 avril 1898, devenu exigible par suite de la faillite ou de la liquidation judiciaire du débiteur, le directeur général de la Caisse des dépôts et consignations représentant la caisse nationale des retraites pour la vieillesse demande l'admission au passif pour le montant de sa créance.

Il est procédé, dans ce cas, conformément aux dispositions des articles 491 et suivants du Code de commerce et de la loi du 4 mars 1889 sur la liquidation judiciaire.

Art. 23. — En cas d'exigibilité du capital par suite d'une des circonstances prévues en l'article 28 de la loi du 9 avril 1898 autre que la faillite ou la liquidation judiciaire du débiteur, le directeur général de la Caisse des dépôts et consignations, par lettre recommandée, met en demeure le débiteur ou ses représentants d'opérer dans les deux mois qui suivront la réception de la lettre le versement à la caisse nationale des retraites du capital exigible, à moins qu'il ne soit justifié que les garanties prescrites par le décret du 28 février 1899, portant règlement d'administration publique en exécution de l'article 28 de la loi ci-dessus visée, ont été fournies.

Art. 24. — Si, à l'expiration du délai de deux mois, le versement n'a pas été effectué ou les garanties exigées n'ont pas été fournies, il est procédé au recouvrement dans les mêmes conditions et suivant les formes énoncées aux articles 17 à 21 du présent décret.

Art. 25. — En dehors des délais fixés par les dispositions qui précèdent, le directeur général de la Caisse des dépôts et consignations peut accorder au débiteur tous délais ou toutes facilités de payement.

Le directeur général peut également transiger.

## TITRE III

### *Organisation du fonds de garantie.*

Art. 26. — Le fonds de garantie institué par les articles 24 et 25 de la loi du 9 avril 1898 fait l'objet d'un compte spécial ouvert dans les écritures de la Caisse des dépôts et consignations.

Art. 27. — Le ministre du commerce adresse au Président de la République un rapport annuel, publié au *Journal Officiel*, sur le fonctionnement général du fonds de garantie visé par les articles 24 à 26 de la loi du 9 avril 1898.

Art. 28. — Les recettes du fonds de garanties comprennent :

1° Les versements effectués par le Trésor public, représentant le montant des taxes recouvrées en conformité de l'article 25 de la loi du 9 avril 1898 :

2° Les recouvrements effectués sur les débiteurs d'indemnités dans les conditions prévues aux titres I et II du présent décret ;

3° Les revenus et arrérages et le produit du remboursement des valeurs acquises en conformité de l'article 30 du présent décret ;

4° Les intérêts du fonds de roulement prévu au deuxième alinéa du même article ;

Art. 29. — Les dépenses du fonds de garantie comprennent :

1° Les sommes payées aux bénéficiaires des indemnités ;

2° Les sommes versées sur des livrets individuels à là Caisse nationale des retraites pour la vieillesse et représentant les capitaux de pensions exigibles dans les cas prévus par l'article 28, paragraphe 3, de la loi du 9 avril 1898 ;

3° Le montant des frais de toute nature auxquels donne lieu le fonctionnement du fonds de garantie.

Art. 30. — Les ressources du fonds de garantie sont employées dans les conditions prescrites par l'article 22 de la loi du 20 juillet 1886.

Les sommes liquides reconnues nécessaires pour assurer le fonctionnement du fonds de garantie sont bonifiées d'un intérêt calculé à un taux égal à celui qui est adopté pour le compte courant ouvert à la Caisse des dépôts et consignations dans les écritures du Trésor public.

Art. 31. — Le ministre du commerce, de l'Industrie, des postes et des télégraphes, le ministre des finances et le garde des sceaux, ministre de la justice, sont chargés, chacun en ce qui le concerne, de l'exécution du présent décret, qui sera publié au *Journal Officiel* de la République française et inséré au *Bulletin des lois*.

Fait à Paris, le 28 février 1899.

Emile LOUBET.

Par le Président de la République :
*Le ministre du commerce,*
*de l'Industrie,*
*des postes et des télégraphes,*
Paul DELOMBRE.

*Le ministre des finances,*
P. PEYTRAL.

*Le garde des sceaux ministre de la justice,*
Georges LEBRET.

## DEUXIÈME RÈGLEMENT

Le Président de la République française,

Sur le rapport du ministre du commerce, de l'industrie, des postes et des télégraphes,

Vu l'avis du ministre des finances, en date du 5 décembre 1898 ;

Vu la loi du 9 avril 1898 et notamment l'article 27 ainsi conçu :

« Les Compagnies d'assurances mutuelles ou à primes fixes contre les accidents, françaises ou étrangères, sont soumises à la surveillance et au contrôle de l'Etat et astreintes à constituer des réserves ou cautionnements dans les conditions déterminées par un règlement d'administration publique.

« Le montant des réserves ou cautionnements sera affecté par privilège au payement des pensions et indemnités.

« Les syndicats de garantie seront soumis à la même surveillance, et un règlement d'administration publique déterminera les conditions de leur création et de leur fonctionnement.

« Les frais de toute nature résultant de la surveillance et du contrôle seront couverts au moyen de contributions proportionnelles au montant des réserves ou cautionnements et fixés annuellement, pour chaque Compagnie ou association, par arrêté du ministre du commerce » ;

Vu le décret du 22 janvier 1868, portant règlement d'administration publique pour la constitution des sociétés d'assurances ;

Le Conseil d'Etat entendu,

Décrète :

## TITRE I

*Sociétés d'assurances mutuelles ou à primes fixes.*

CHAPITRE PREMIER. — *Cautionnements et réserves.*

Article premier. — Toutes les sociétés qui pratiquent, dans les termes de la loi du 9 avril, l'assurance mutuelle ou à primes fixes contre le risque des accidents de travail ayant entraîné la mort ou une incapacité permanente sont astreintes, pour ce risque, aux dispositions du présent titre.

Art. 2. — Indépendamment des garanties spécifiées aux articles 2 et 4 du décret du 21 janvier 1868 et de la réserve mathématique, les sociétés anonymes d'assurances françaises ou étrangères à primes fixes doivent justifier de la constitution préalable d'un cautionnement fixe d'après des bases que détermine le ministre, sur l'avis du comité consultatif prévu à l'article 16 ci-après, et affecté, par privilège, au payement des pensions et indemnités, conformément à l'article 27 de la loi.

Art. 3. — Le cautionnement est constitué, dans les quinze jours de la notification de la décision du ministre à la caisse des dépôts et consignations en valeurs énumérées au troisième paragraphe de l'article 8 ci-dessous. Il est revisé chaque année. Les titres sont estimés au cours moyen de la Bourse de Paris au jour du dépôt.

Art. 4. — Le cautionnement est versé au lieu où la Société a son siège principal, dans les conditions déterminées par les lois et règlements en vigueur sur la consignation des valeurs mobilières.

Les intérêts des valeurs déposées peuvent être retirés par la Société. Il en est de même, en cas de remboursement des titres avec primes ou lots, de la différence entre le prix de remboursement et le cours moyen à la Bourse de Paris, au jour fixé pour le remboursement, de la sortie au tirage.

Le montant des remboursements, déduction faite de cette différence, doit être immédiatement remployé en achat de valeurs visées au troisième paragraphe de l'article 8, sur l'ordre de la société, ou d'office en rentes sur l'Etat, si la société n'a pas donné d'ordre dans les quinze jours de la notification de remboursement faite, sous pli recommandé, par la Caisse des dépôts et consignations.

Il en est de même pour les fonds provenant d'aliénations de titres demandées par la société.

Art. 5. — Les valeurs déposées ou les valeurs acquises en remploi de ces valeurs ne peuvent être retirées que : 1° dans le cas où le cautionnement exigible a été fixé, pour l'année courante, à un chiffre inférieur à celui de l'année précédente et jusqu'à concurrence de la différence ; 2° dans le cas où la société ayant versé à la caisse nationale des retraites les capitaux constitutifs des rentes et indemnités assurées justifie qu'elle a complétement rempli toutes ses obligations. Dans les deux cas, une décision du ministre du commerce est nécessaire.

Art. 6. — Indépendamment des garanties spécifiées à l'article 29 du décret du 22 janvier 1868, les sociétés d'assurances mutuelles sont soumises aux dispositions des articles 2, 3, 4 et 5 ci-dessus.

Toutefois le cautionnement qu'elles auront à verser est réduit de moitié pour celles de ces sociétés dont les statuts stipulent :

1° Que la société ne peut assurer que tout ou partie des risques prévus par l'article 3 de la loi du 9 avril 1898 ;

2° Qu'elle assure exclusivement soit les ouvriers d'une seule profession, soit les ouvriers de professions appartenant à un même groupe d'industries, d'après une classification générale arrêtée à cet effet par le ministre du commerce, après avis du comité consultatif ;

3° Que le maximum de contribution annuelle dont chaque sociétaire est passible pour le payement des sinistres est au moins double de la prime totale fixée par son contrat pour l'assurance de tous les risques, et triple de la prime partielle déterminée par le ministre du commerce. après avis du comité consultatif, pour les mêmes professions et pour les risques définis à l'article 23 de la loi.

Art. 7. — Les sociétés anonymes d'assurances à primes fixes et les sociétés mutuelles d'assurances sont tenues de justifier, dès la deuxième année d'exploitation, de la constitution d'une *réserve mathématique* ayant pour minimum de valeur le montant des capitaux représentatifs des rentes et indemnités à servir à la suite d'accidents ayant entraîné la mort ou une incapacité permanente.

Les capitaux représentatifs sont calculés d'après un barême minimum déterminé par le ministre du commerce, après avis du comité consultatif.

Art. 8. — Le montant de la réserve mathématique est arrêté chaque année, la société entendue, par le ministre du commerce et à l'époque qu'il détermine.

Cette réserve reste aux mains de la société. Elle ne peut être placée que dans les conditions suivantes :

1° Pour les deux tiers au moins de la fixation annuelle, en valeurs de l'Etat ou jouissant d'une garantie de l'Etat ; en obligations négociables et entièrement libérées des départements, des communes et des chambres de commerce ; en obligations foncières et communales du Crédit foncier ;

2° Jusqu'à concurrence du tiers au plus de la fixation annuelle, en immeubles situés en France et en premières hypothèques sur ces immeubles, pour la moitié au maximum de leur valeur estimative ;

3° Jusqu'à concurrence d'un dixième, confondu dans le tiers précédent, en commandites industrielles ou en prêts à des exploitations industrielles de solvabilité notoire.

Pour la fixation prévue au paragraphe 1er du présent article, les valeurs mobilières sont estimées à leur prix d'achat. Si leur valeur totale descend au-dessous de ces prix de plus d'un dixième, un arrêté du ministre du commerce oblige la société à parfaire la différence en titres nouveaux, dans un délai qui ne peut être inférieur à deux ans ni supérieur à cinq ans.

Les immeubles sont estimés à leur prix d'achat ou de revient, les prêts hypothécaires, les commandites industrielles ou les prêts à des sociétés industrielles, aux prix établis par actes authentiques.

Art. 9. — Si les sociétés visées aux articles 2 et 6 ci-dessus ne font point elles-mêmes le service des rentes et indemnités attribuables aux termes de l'article 3 de la loi du 9 avril 1898 pour les accidents ayant entraîné la mort ou une incapacité permanente de travail et si elles opèrent immédiatement le versement des capitaux constitutifs de ces rentes et indemnités à la Caisse nationale des retraites, il n'y a pas lieu pour elles à constitution de réserve mathématique.

Si ces sociétés versent seulement, dans les conditions sus désignées, une partie des capitaux constitutifs dont il s'agit, leur réserve mathématique est réduite proportionnellement.

CHAPITRE II. — *Surveillance et contrôle.*

Art. 10. — Les sociétés visées à l'article 1er qui assurent d'autres risques que celui résultant de l'application de la loi du 9 avril 1898 pour le cas de mort ou d'incapacité permanente ou qui assurent concurremment un risque analogue dans des pays étrangers doivent établir, pour les opérations se rattachant à ce risque en France, une gestion et une comptabilité absolument distinctes.

Art. 11. — Toutes les sociétés doivent communiquer immédiatement au ministre du commerce dix exemplaires de tous les règlements, tarifs, polices, prospectus et imprimés distribués ou utilisés par elles.

Les polices doivent :

1° Reproduire textuellement les articles 3, 9, 19 et 30 de la loi du 9 avril 1898 ;

2° Spécifier qu'aucune clause de déchéance ne pourra être opposée aux ouvriers créanciers ;

3° Stipuler que les contrats se trouveraient résiliés de plein droit dans le cas où la société cesserait de remplir les conditions fixées par la loi et le présent décret.

Art. 12. — Les Sociétés doivent produire au ministre du commerce, aux dates fixées par lui :

1° Le compte-rendu détaillé annuel de leurs opérations, avec des tableaux financiers et statistiques annexes dans les conditions déterminées par arrêté ministériel, après avis du comité consultatif. Ce compte-rendu doit être délivré par les sociétés intéressées à toute personne qui en fait la demande, moyennant payement d'une somme qui ne peut excéder 1 franc ;

2° L'état des salaires assurés et l'état des rentes et indemnités correspondant au risque spécifié à l'article 1er, ainsi que tous autres états ou documents manuscrits que le ministre juge nécessaires à l'exercice du contrôle.

Art. 13. — Elles sont soumises à la surveillance permanente de commissaires-contrôleurs, sous l'autorité du ministre du commerce, et peuvent être en outre contrôlées par toute personne spécialement déléguée à cet effet par le ministre.

Art. 14. — Les commissaires-contrôleurs sont recrutés, dans les conditions déterminées, par arrêté du ministre du commerce, après avis du comité consultatif.

Ils prêtent serment de ne pas divulguer les secrets commerciaux dont ils auraient connaissance dans l'exercice de leurs fonctions.

Ils sont spécialement accrédités, pour des périodes fixées, auprès des Sociétés qu'ils ont mission de surveiller.

Ils vérifient, au siège des Sociétés, l'état des assurés et des salaires assurés, les contrats intervenus, les écritures et pièces comptables, la caisse, le portefeuille, les calculs des réserves et tous les éléments de contrôle propres, soit à établir les opérations dont résultent des obligations pour les Sociétés, soit à constater la régulière exécution tant des statuts que des prescriptions contenues dans le décret du 22 janvier 1868, dans le présent décret et dans les arrêtés ministériels qu'il prévoit.

Ils se bornent à ces vérifications et constatations, sans pouvoir donner aux Sociétés aucune instruction ni apporter à leur fonctionnement aucune entrave.

Ils rendent compte au ministre du commerce, qui seul prescrit dans les formes et délais qu'il fixe, les redressements nécessaires.

Art. 15. — A l'aide des rapports de vérification et des contre-vérifications auxquelles il peut faire procéder soit d'office, soit à la demande de Sociétés intéressées, le ministre du commerce présente chaque année au président de la République un rapport d'ensemble établissant la situation de toutes les Sociétés soumises à la surveillance.

Il adresse, le cas échéant, à chacune des Sociétés les injonctions nécessaires et la met en demeure de s'y conformer.

Art. 16. — Il est constitué auprès du ministre du commerce un « comité consultatif des assurances contre les accidents du travail » dont l'organisation est réglée par arrêté du ministre.

Ce comité doit être consulté dans les cas spécifiés par le présent décret et par les décrets du même jour, rendus en exécution des articles 26 et 28 de la loi du 9 avril 1898. Il peut être saisi par le ministre de toutes autres questions relatives à l'application de ladite loi.

Art. 17. — Le décret du 22 janvier 1860 demeure applicable aux Sociétés régies par le présent décret, en toutes celles de ses dispositions qui ne lui sont pas contraires.

Art. 18. — Chaque année, avant le 1er décembre, le ministre du commerce arrête, après avis du comité consultatif, et publie au *Journal officiel* la liste des Sociétés mutuelles ou à primes fixes, françaises ou étrangères, qui fonctionnent dans les conditions prévues par les articles 26 et 27 de la loi du 7 avril 1898 et par le présent décret.

Art. 19. — Dès que, après fixation du cautionnement, dans les conditions déterminées par les articles 2 et 6 ci-dessus, chaque Société actuellement existante aura effectué à la Caisse des dépôts et consignations le versement du montant de ce cautionnement, mention de cette formalité sera faite au *Journal officiel* par les soins du ministre du commerce, en attendant la publication de la première liste générale prévue à l'article 18.

Il en sera de même, ultérieurement pour les Sociétés constituées après publication de la liste générale annuelle.

Art. 20. — Les sociétés étrangères doivent accréditer auprès du ministre du commerce et de la Caisse des dépôts et consignations un agent spécialement préposé à la direction de toutes les opérations faites en France pour les assurances visées à l'article 1er.

Cet agent représente seul la société auprès de l'administration. Il doit être domicilié en France.

## TITRE II

### *Syndicats de garantie.*

Art. 21. — Les syndicats de garantie prévus par la loi du 9 avril 1898 lient solidairement tous leurs adhérents pour le paiement des rentes et indemnités attribuables en vertu de la même loi à la suite d'accidents ayant entraîné la mort ou une incapacité permanente.

La solidarité ne prend fin que lorsque le syndicat de garantie a liquidé entièrement ses opérations soit directement, soit en versant à la caisse nationale des retraites l'intégralité des capitaux constitutifs des rentes et indemnités dues.

La liquidation peut être périodique.

Art. 22. — Ces syndicats de garantie doivent comprendre au moins 9,000 ouvriers assurés et 10 chefs d'entreprise adhérents, dont 5 ayant au moins chacun 300 ouvriers.

Art. 23. — Le fonctionnement de chaque syndicat est réglé par des statuts, qui doivent être soumis, avant toute opération, à l'approbation du Gouvernement.

Il est statué, par décret rendu en conseil d'Etat, sur le rapport du ministre du commerce, après avis du comité consultatif des assurances contre les accidents du travail, au vu des statuts souscrits et des pièces justifiant des conditions et des engagements prévus aux articles 21 et 22 ci-dessus.

Art. 24. — Le décret portant approbation des statuts règle :

1° Le fonctionnement de la surveillance et du contrôle, dans des conditions analogues à celles que détermine le chapitre II du titre I<sup>er</sup> du présent décret.

2° Les conditions dans lesquelles l'approbation peut être révoquée et les mesures à prendre, en ce cas, pour le versement des capitaux constitutifs des pensions et indemnités en cours.

Art. 25. — Les contributions pour frais de surveillance sont fixées d'après le montant du cautionnement auquel serait astreinte une société d'assurance pour le même chiffre de salaires assurés.

Art. 26. — Le ministre du commerce, de l'industrie, des postes et des télégraphes et le ministre des finances sont chargés, chacun en ce qui le concerne, de l'exécution du présent décret, qui sera publié au *Journal officiel* de la République française et inséré au *Bulletin des lois*.

Fait à Paris, le 28 février 1899.

Emile LOUBET.

Par le Président de la République :
*Le ministre du commerce,*
*de l'industrie, des postes*
*et des télégraphes,*
Paul DELOMBRE.

*Le Ministre des finances,*

P. PEYTRAL.

---

## TROISIÈME RÈGLEMENT

Le Président de la République française,

Sur le rapport du ministre du commerce, de l'industrie, des postes et des télégraphes ;

Vu l'avis du ministre des finances, en date du 2 février 1899 ;

Vu la loi du 9 avril 1898 et notamment les deux derniers alinéas de son article et ainsi conçus :

« Lorsqu'un chef d'entreprise cesse son industrie, soit volontairement, soit par décès, liquidation judiciaire ou faillite, soit par cession d'établissement, le capital représentatif des pensions à sa charge devient exigible de plein droit et sera versé à la caisse nationale des retraites. Ce capital sera déterminé au jour de son exigibilité, d'après le tarif visé au paragraphe précédent.

« Toutefois, le chef d'entreprise ou ses ayants-droit peuvent être exonérés du versement de ce capital s'ils fournissent des garanties qui seront à déterminer par un règlement d'administration publique » ;

Vu le décret du 28 février 1899, portant règlement d'administration publique en exécution de l'article 26 de la loi ci-dessus visée, et notamment les articles 22 à 25 dudit décret relatifs à l'exigibilité des capitaux représentatifs des pensions dues en vertu de la loi du 9 avril 1898 ;

Vu le décret du même jour, portant règlement d'administration publique en exécution de l'article 27 de la loi ci-dessus visée, et notamment le titre II relatif aux syndicats de garantie prévus par ladite loi.

Le conseil d'Etat entendu,

Décrète :

Article premier. — Lorsqu'un chef d'entreprise cesse son industrie dans les cas prévus par l'avant-dernier alinéa de l'article 28 de la loi du 9 avril 1898, ce chef d'entreprise ou ses ayants-droit peuvent être exonérés du versement à la caisse nationale des retraites du capital représentatif des pensions à leur charge s'ils justifient :

1° Soit du versement de ce capital à une des sociétés visées : l'article 18 du décret du 28 février 1899, portant règlement d'administration publique en exécution de l'article 27 de la loi ci-dessus visée :

2° Soit de l'immatriculation d'un titre de rente pour l'usufruit au nom des titulaires de pensions, le montant de la rente devant être au moins égal à celui de la pension ;

3° Soit du dépôt à la Caisse des dépôts et consignations, avec affectation à la garantie des pensions, de titres spécifiés au paragraphe 3 de l'article 8 du décret précité. La valeur de ces titres, établie d'après le cours moyen de la Bourse de Paris au jour du dépôt, doit correspondre au chiffre maximum qu'est susceptible d'atteindre le capital constitutif exigible par la caisse nationale des retraites. Elle peut être révisée tous les trois ans à la valeur actuelle des pensions, d'après le cours moyen des titres au jour de la révision ;

4° Soit de l'affiliation du chef d'entreprise à un syndicat de garantie liant solidairement tous ses membres et garantissant le payement des pensions ;

5° Soit en cas de cession d'établissement, de l'engagement pris par le cessionnaire, vis-à-vis du directeur général de la Caisse des dépôts et consignations, d'acquitter les pensions dues et de rester solidairement responsable avec le chef d'entreprise.

Art. 2. — Des arrêtés du ministre du commerce, pris après avis du comité consultatif des assurances contre les accidents, règlent les mesures nécessaires à l'application du présent décret.

Art. 3. — Le ministre du commerce, de l'industrie, des postes et des télégraphes et le ministre des finances sont chargés, chacun en ce qui le concerne, de l'exécution du présent décret, qui sera publié au *Journal officiel* de la République française, et inséré au *Bulletin des lois*.

Fait à Paris le 28 février 1899.

EMILE LOUBET.

Par le Président de la République :
*Le ministre du commerce, de l'industrie
des postes et des télégraphes,*
PAUL DELOMBRE,

*Le ministre des finances*
P. PEYTRAL.

# LOI SUR LES ACCIDENTS DE TRAVAIL DES OUVRIERS

## DU 9 AVRIL 1898

*Tarif du Syndicat* (1) *des* C^ies *françaises à primes fixes contre les accidents*

### Assurance sans restriction ni réserves

| | |
|---|---|
| 1° *Scieries mécaniques*. | 11 0/0 des salaires |
| 2° *Bois de construction* avec transport (chantiers de) : | |
|    sans outils mécaniques (2) | 5 0/0 (2) — |
|    avec outils mécaniques. | 8 0/0 — |
| 3° *Bois à brûler*, charbons et coke (2) (chantiers de) | 5.25 0/0 (2) — |
| 4° *Charpentes en bois* : sans outils mécaniques . | 6 0/0 — |
|    avec outils mécaniques. | 8 0/0 — |

---

(1) L'Abeille      Le Patrimoine      Le Secours
    La Caisse       La Prévoyance     Le Soleil-Sécurité
    des Fam.       La Providence     L'Urbaine Seine

Les Compagnies étrangères d'assurances contre les accidents telles que la Zurich, la Winterthur, la Royale Belge ne sont pas encore en mesure de donner leurs tarifs établis d'après les exigences de la nouvelle loi sur les accidents. Ils paraissent devoir être, pour les scieries mécaniques, sensiblement les mêmes que ceux du Syndicat des Compagnies françaises.

(2) Suivant avis de jurisconsultes, les *commerces de bois*, bois de construction ou bois à brûler, les exploitations forestières, les commerces d'écorces, *sans scierie ni transport*, bien que compris parmi les industries protégées, énoncées dans l'arrêté ministériel du 30 mars 1899, ne tombent pas sous le coup de la nouvelle loi sur les accidents de travail.

Le « *Bois* » se charge de les faire assurer largement, par police spé-

5° *Charronnage :*
    sans scierie mécanique. . . . . . . . . . . .    3 0/0   des salaires
    avec scierie mécanique . . . . . . . . . . .    4.50 0/0   —
6° *Scieurs de long*, avec abattage d'arbres . . . .    7 0/0   —
    sans abattage d'arbres. . . . . . . . . .    3.50 0/0   —
7° *Menuisiers :*
    sans outils mécaniques. . . . . . . . . . .    2.50 0/0   —
    avec outils mécaniques. . . . . . . . . . .    7 0/0   —
8° *Meubles* (fabrique de).
    sans force motrice ni scierie. . . . . . . .    2 0/0   —
    avec force motrice et scierie. . . . . . . .    3.50 0/0   —
9° *Chaises* (fabrique de).
    avec scierie mécanique. . . . . . . . . . .    7 0/0   —
10° *Tonnellerie :*
    sans outils mécaniques . . . . . . . . . .    4 0/0   —
    avec outils mécaniques. . . . . . . . . . .    7 0/0   —

L'assurance ne dispense pas du paiement de la taxe additionnelle de 4 centimes. Il faut ajouter cette taxe à la prime d'assurance, pour obtenir le total des charges nouvelles imposées aux chefs des industries protégées. Il leur est donc facile avec ces renseignements d'établir *la réduction de salaires* à opérer le 1er juin prochain, s'ils adoptent, comme le préconise le « *Bois* », ce seul moyen pratique de défense qui leur reste.

Le « *Bois* » se charge gratuitement de réaliser les assurances accidents de l'Industrie du bois au *Soleil-Sécurité*, la plus ancienne et la plus importante des Compagnies à primes fixes contre les accidents, et, il fait, au profit de ses lecteurs, *l'abandon complet de la remise* allouée par la Compagnie aux agents.

*En échange*, le « *Bois* » demande à ses lecteurs de s'adresser à lui pour l'assurance contre l'incendie de leurs risques. Le « *Bois* » fait accepter les bons risques de l'industrie du bois par les *Grandes Mutuelles Incendie*, les plus anciennes et les plus importantes des Compagnies d'assurances contre l'incendie, avec *20 0/0 de réduction* sur le tarif actuel.

Sécurité absolue.

---

ciale mise en rapport avec les sévérités de la nouvelle loi, par le « *Soleil Sécurité* » moyennant *3 0/0 des salaires* au lieu de 5 et 5.25 0/0.

Ces commerces peuvent légalement faire supporter par leurs ouvriers partie de cette assurance.

Ils ne sont pas assujettis à la taxe additionnelle de 4 centimes. (Voir les n°s du *Bois* des 18, 25 mars, 1er avril et 15 avril 1899.)

---

Mayenne, imp. Soudée et Colin.

www.ingramcontent.com/pod-product-compliance
Lightning Source LLC
LaVergne TN
LVHW021055050726
842519LV00003B/1160